37956209R00074

Made in the USA
Middletown, DE
10 December 2016